Vegan sweets

AIN SOPH.

卵も乳製品も使わない！
「アインソフ」が教える
ヴィーガンスイーツ

白井由紀

講談社

大切な誰かのために、作りたくなるお菓子を。

最近、「ヴィーガン＊」という言葉を耳にする機会が増えてきました。
私が「AIN SOPH.（アインソフ＝大いなる源の意）」をオープンした頃は
「ヴィーガンって、何？」と言われることがほとんどで、
当時、大人気だったマクロビオティックと混同されることもありました。
それから15年。
ヴィーガンがメディアでも頻繁に取り上げられるようになり、
アインソフにも、海外の方も含めて年間の来店数は15万人。
ありがたいことに今では「ヴィーガンレストランだったらアインソフ！」と
言っていただけるようなお店となりました。

とはいえ、「ヴィーガン料理を家で作るのはハードルが高い」と
感じる人もいるでしょう。
そこで「お菓子なら、大切な誰かのために作ってみたいと思えるかも」
という想いから、この本を作ることにしました。
卵もバターも牛乳も使っていないので、ヴィーガン志向の方はもちろん、
卵・乳アレルギーがあっても安心して食べられます。
小麦不使用のレシピもたくさん紹介しています。
さらに、家庭でも気軽に作れるようにと、
専門のマシーンやプロでないと購入できないような素材は使っていません。
材料の種類も極力、少なくしました。

店舗で提供しているものは「お店だからこそのものを」という想いから
プロの技術や機材で作っていますが、アインソフの想いはそのままに、
おうちで楽しめるオリジナルレシピとしてすべて考えてみました。

私たちが試行錯誤を繰り返し、ようやくたどり着いたお店のレシピに
負けないくらいの自信作が、この本には載っています。
「お店で出しているものもこのレシピに変えちゃう？」と
言いたくなるようなお菓子もたくさん。
どれをとっても、「これをベースに専門店が開けるのでは!?」と
思えるほど、クオリティの高いものばかりだから
ヴィーガンではない人にも気に入ってもらえると思います。

アインソフのコンセプトは、「本来の自分に戻る場所」です。
お菓子を作る場所、そしてお菓子を食べる場所、
それらがすべて「本来の自分に戻る場所」になりますように。
あなたの大切な人に食べてさせてあげたいお菓子を
この本の中から見つけて、作ってもらえたらうれしいです。

白井由紀

＊ヴィーガンとは…
生活スタイルごと動物性のものを避け、食べ物も
菜食、植物性の食品だけにするという主義の人た
ち、またはそれを実践する人のこと。動物愛護、環境
問題などの理由から、肉（乳製品含む）や魚、卵、
ゼラチンなど動物性食物やはちみつを避けている。
欧米諸国を中心に近年、実践者が急増中。

Contents

Baked sweets // 焼き菓子 etc.

Chilled sweets // 冷んやりスイーツ

この本の使い方

＊このマークはヴィーガン（卵や乳製品を含む、動物性食品を使用してしない）レシピです。

＊このマークはグルテンフリー（小麦粉ではなく米粉やオートミールなどを使用）レシピです。

＊植物油は太白ごま油（白）、米粉は製菓用の米粉をおすすめします。
＊ヨーグルトは植物性ヨーグルト（無糖）です。
＊小さじは 5㎖、大さじは 15㎖、1カップは 200㎖です。材料はきちんとはかることを心がけましょう。
＊常温は 18 ～ 20℃を意味します。
＊保存できるものには、おすすめの保存場所と保存期間を明記しています。保存は密閉容器かジッパー付き保存袋に入れてください。

＊焼き時間や温度について。オーブンはそれぞれくせがあるため、表記された温度や時間でうまく焼けないことがあるかもしれません。あくまでも目安ですので、焼き色がついていなければもう少し焼いたり、手前と奥では火の回りが違うので天板ごと入れ替えてみたりなど、我が家の「ちょうどいい加減」を工夫しましょう。

アインソフ Favorite **3**

「アインソフ」といえばはずせない3品を最初にご紹介しましょう。
お店のレシピを家庭用にアレンジしていますが、このおいしさにきっと誰もが驚くはず。

Favorite

1

Pancake

ふうわりパンケーキ

卵を使っていないのに、このふわふわ感は
ベーキングパウダーとてんさい糖のおかげ。
ディッシャーを使えば、さらに生地に厚みをもたせることができます。
シンプルにシロップをかけるだけでもおいしい。

vegan

材料（直径 10cmのもの　5〜6枚分）

A	薄力粉	230g
	ベーキングパウダー	10g
B	豆乳	210mℓ
	てんさい糖*	70g
	バニラエクストラクト*	小さじ1
	塩	ひとつまみ
植物油		30g
植物油（焼くとき用）		少々

（好みで）ヴィーガンホイップクリーム
（P13 参照）、いちご、ミント、てんさ
い糖 ……………………………… 各適量

＊の材料についての説明は P13〜15 を参照
してください。

作り方

1
ボウルにざるをのせてAを入れ、ホイッパー（泡立て器）で混ぜながらふるう。

2
①をさらによく混ぜる。

3
別のボウルにBを入れ、ホイッパーで混ぜる。てんさい糖が溶けたら植物油を加え、さらによく混ぜる。

4
③に②を加え、ホイッパーでだまがなくなるまで混ぜる。

5
こんな風に、粉が見えなくなれば生地が完成。

6
フライパンに植物油少々をキッチンペーパーで薄く広げ、弱火で熱する。ディッシャーで生地をすくい、フライパンにそっと落とす（なければ、玉じゃくしで）。

7
ふたをして弱火にし、片面3分ずつ焼く。

8
表面がぽつぽつとふくらんできたら、裏返し、焼き色がつけばOK。器に盛り、いちごやホイップクリームなどを添え、てんさい糖をふる。

アイスクリームをすくうディッシャーを使えば厚みが出てふんわりする。今回は直径4cmのものを使用。

＊パンケーキは焼いて冷まし、ラップに1枚ずつ包んで保存袋に入れ、冷凍庫で1週間、保存可能。

‖ Favorite ‖
2
Pudding
こっくりプリン

こっくりと濃厚な味のプリンですが、卵も牛乳も使っていません。
蒸してつぶしたかぼちゃを少し加えることで、
プリンらしい色味と味の深みをプラス。
キャラメルソースを作るのは、慣れるまでは少し気を遣いますが、
何度も作っていると好みの焦がし具合がつかめてきます。

材料（直径5cmの型・6個分）

[キャラメルソース]

てんさい糖* ───────── 50g

水 ─────────── 大さじ2

[プリン液]

A｜豆乳 ──────── 300mℓ

　｜ココナッツミルク（常温）──── 150mℓ

　｜てんさい糖* ───────── 40g

かぼちゃ（蒸して皮を取り除いたもの）

　────────── 大さじ1

くず粉 ──────────── 8g

粉寒天 ──────────── 1g

塩 ───────── 1つまみ

バニラエクストラクト* ──── 小さじ1/2

*の材料についての説明はP13～15を参照
してください。

作り方

キャラメルソースを作る

1
小鍋にてんさい糖と水大さじ1
を入れる。

2
てんさい糖と水をなじませる（鍋
肌につけないよう注意）。

3
中火で加熱する。初めは大きい
泡が出て、次第にキャラメル色
になってくる。

4
泡が小さくなり、好みの色になっ
たら火を止める。

5
火を止めて水大さじ1を加え、
色どめする（やけどに注意）。

6
鍋をゆすり、全体がなじんだら
熱いうちにプリンカップに注ぎ、
冷蔵庫で冷やしておく。

Point

②で、てんさい糖となじませてたあとは鍋の中をへらなどで混ぜない。
③で、色がついてきた部分とまだついていない部分が出てくるので、鍋をそっとゆすり、均一にする。

プリン液を作り固める

7
Aを全て鍋に入れ、ハンドミキ
サーでかぼちゃとくず粉のつぶ
つぶがなくなるまで攪拌する。

8
⑦を中火にかける。底の方から
かたまってくるので耐熱性のゴ
ムべらか木べらでゆっくり混ぜ
続ける。とろみがついてふつふ
つと煮立ってきたら、火をとめる。

9
バニラエクストラクトを加えて
混ぜ、プリンカップに流し入れ
る。6時間〜1晩、冷蔵庫に入れ、
冷やしかためる。

＊1晩冷やしたほうがキャラメル
ソースがしっかり溶けるのでおす
すめ。

10
かたまったプリンのふちを指で
押し、型からはずす。

＊冷蔵庫で2日間、保存可能。

＊今回、使用したのは直
径5cmと小さめのプリン
型。仕上がりもかわいら
しく見える。もっと大き
い型で作っても。

3

Tiramisu

やみつきティラミス

さっぱりとしているのに、あとを引く味わい。
豆腐とココナッツミルクで作ったとは感じさせない
ヴィーガンティラミス。隠し味に白みそを使います！
小さな容器に 1 人分ずつ作っても。

材料 （18 × 12 × 5cmの容器1台分）

 Vegan
 Gluten Free

[クリーム]

A｜無糖植物性ヨーグルト·····················
　　1パック（400g）を1晩水切りした150g
　　ココナッツミルク*······················100g
　　絹ごし豆腐······························100g
　　アガベシロップ*·························50g
　　カシューナッツバター*
　　　（ピーナッツバターでも）···········40g
　　ココナッツオイル*（常温）···········10g
　　白みそ·································20g
　　バニラエクストラクト*·········小さじ1

[コーヒーシロップ]

B｜インスタントコーヒー··········小さじ2

　　湯·····································80mℓ
　　アガベシロップ*·························20g
グルテンフリースポンジ（P18のスポン
　　ジケーキ、あるいはオンラインなどで
　　も購入可能）···························1台
ココアパウダー·························適量

[下準備]

・ヨーグルトはキッチンペーパーで包み、
ざるにのせて重しを置き、1晩しっかり
水切りする。

＊の材料についての説明はP13〜15を参照
してください。

作り方

クリームを作る

1

Aを全てミキサーに入れ、なめ
らかになるまで撹拌する。

コーヒーシロップを作る

2

Bを全て合わせ、冷ましておく。

組み立てる

3

スポンジケーキの厚みを横3枚
にスライスする。1枚を型の底
に敷き込めるように切り、型に
敷く。

4

コーヒーシロップの1/3量を全
体にぬっていく。

5

クリームの1/3量をのせてざっ
と広げる。

6

③〜⑤を2回、繰り返す。

7

ラップをして冷蔵庫で3時間以
上冷やしかためる。食べる直前
に茶こしでココアパウダーをふる。

＊冷蔵庫で翌日まで保存可能。

"アインソフが教えるお菓子"は "普通のお菓子"と、どう違う?

ヴィーガンレストランとしてお店で提供しているものはどれもこだわりがありますが、この本でもコンセプトは一緒。体に、環境に、そして心にやさしいスイーツばかりです。

「卵や牛乳、バターなどの動物性たんぱく質、白砂糖を使っていません」

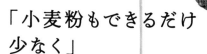

最近は、残念なことにアレルギーの原因となる食材が増えてきています。また、さまざまな理由から動物性のものや精製されたものを口にしないという人もいます。そんなみなさんの、「何かを気にすることなく、気軽においしいものが食べたい!」にお応えするレシピを厳選しました。ごほうびスイーツはストレスフリーで楽しみましょう。

「小麦粉もできるだけ少なく」

小麦粉に含まれるグルテンは粘り気があり、パンやパスタ、そしてお菓子作りに欠かせません。もちもちとした食感やコシはグルテンのおかげだからです。ところがそんなグルテンによって体調を崩す、中でも腸内環境が悪化する人は少なくありません。また、アレルギーの原因として「小麦粉」も多く挙げられます。そこでこの本では、小麦粉ではなく米粉やオートミール粉などを使ったレシピも載せてあります。誰にでも安心して食べてもらえるお菓子なのです。

「なのに、こんなにおいしい!」

そんな「お菓子作りに欠かせない」といわれる食材を使わないと、普通なら食感の違いが出やすいものです。ところが、この本で紹介しているのは試行錯誤を繰り返したレシピばかり。上手に補ってあるので、ものたりなさを感じさせません。世界中のヴィーガンをとりこにする秘訣がここに詰まっています。

定番の人気スイーツも、お店で人気のお菓子も
お家で作れるオリジナルレシピが勢ぞろい。
あなたもぜひ、試してみて!

「ヴィーガン素材も手作りできます!」

～ヴィーガンバターとヴィーガンホイップクリーム～

お菓子作りにあるとうれしいヴィーガン素材も手作りできます!
「牛乳や生クリームを使っていないの?」と驚く食感&味わいです。

✦ *Vegan butter* ✦
ヴィーガンバターの作り方

ココナッツオイルの分量が多いので、ココナッツの香りが気になるという人は無臭タイプのもので作ることをおすすめ。ターメリックによる色づけで、本物のバターにそっくり!

材料（作りやすい分量）

ココナッツオイル（2〜3時間以上、冷蔵庫で冷やす）	120g
A アーモンドミルク	70mℓ
ニュートリショナルイースト	大さじ1
アガベシロップ	小さじ1
酢	小さじ1/2
塩	小さじ1/2
ターメリック	1つまみ
ピュアオリーブオイル	大さじ2
カシューナッツバター	20g

作り方

1 ボウルにAを入れ、ホイッパーでよく混ぜる。
2 オリーブオイルを加え、油が溶け込むまでさらによく混ぜる。
3 冷やしたココナッツオイルを包丁で小さめに切る。
4 材料を全てフードプロセッサーに入れ、つぶつぶのないなめらかなバター状になるまで攪拌する。
5 ふたつきの殺菌済み容器に入れ、冷蔵庫で1晩冷やしかためる。

＊冷蔵庫で2週間、冷凍庫で約1か月保存可能。

✦ *Vegan whipped cream* ✦
ヴィーガンココナッツホイップクリームの作り方

さっぱりとしたホイップクリームなので、パンケーキやマフィン、パイなど、いろいろなものにたっぷり添えて。
夏場など、室温が20度を超えるときはボウルの下に氷水を用意して行いましょう。
なお、作り置きしたホイップクリームを使いたいときは、ホイッパーで混ぜ直せばかたさが戻ります。

材料（作りやすい分量）

ココナッツクリーム	1缶分(400g)を1晩以上冷やした油分のみ150〜200g
無糖植物性ヨーグルト	200gを1晩水切りしたもの75g
てんさい糖	20g
バニラエクストラクト	小さじ1/2

作り方

1 ココナッツクリームは常温だと、缶の上部の油分と下部の水分に分離しているので、冷蔵庫で1晩以上冷やし、固まった油分のみをスプーンですくう（150〜200g）。
2 ①と他の材料を全てボウルに入れ、ホイッパーでしっかり混ぜ合わせる。
3 写真のようにだまがなくなり、なめらかになれば完成。

＊冷蔵庫で5日間保存可能。

ココナッツクリームについて

ホイップクリームをおいしく作るポイントはココナッツ缶選び。ココナッツクリームは乳化作用のある添加物が入っていると、きれいに分離せず、うまく作れません。増粘剤や安定剤が含まれていないものを選びましょう。また、メーカーにより脂肪分の量もさまざまなのでホイップクリームを作るには20%以上のもので。残った透明な水分はスープやスムージーなどに利用して。

この本でよく使う素材の紹介

ヴィーガンならではの素材はいろいろ。
ここで代表的なヴィーガンスイーツに使用する素材を簡単にご紹介しましょう。

オートミール

オートミールの粉（オートミールフラワー）は、オートミールをフードプロセッサーなどで細かくしてもOK。

米粉

米粉には「パン用」と「製菓用」がある。種類の違いによって仕上がりも変わるので「製菓用」をチョイス。

玄米粉

その名の通り、玄米を粉にした玄米粉。米粉と同じように使える。素朴な味と風味が特徴。

ニュートリショナルイースト

サトウキビなどの糖蜜で発酵させた酵母で、いわゆるイーストの仲間。チーズのような深い味わい。

アガベシロップ

アガベという植物の樹液から作られた甘味料。砂糖より甘みが強く、GI値が低いヘルシー食品。

ヴィーガンチョコレート

牛乳や生クリーム、白砂糖（動物の骨を使って精製されている）など動物由来の食品を使っていない。

植物油

植物油は特に表記がない場合、くせの少ない太白ごま油がおすすめ（米油でもOK）。

ココナッツオイル

ヤシの実からとれたオイル。香りがあるタイプと無臭タイプ（写真）があり、料理や好みで使いわけを。

ココナッツクリーム

ヤシの実の固形胚乳を圧搾し、抽出したのがココナッツクリーム。分離させるとココナッツオイルに。

カシューナッツバター

油分の多いカシューナッツをペースト状にしたもの。くせもなく、やさしい味わいで使いやすい。

アーモンドミルク

アーモンドを原料として作られた植物性の乳飲料。加糖と無糖があるが、本書では無糖を使用。

バニラエクストラクト

天然のバニラビーンズから香りを抽出したアルコール液。加熱すると香りが飛びやすいので注意。

ココナッツファイン

ココナッツの果肉（固形胚乳）を細かく削ったもの。サクサクとした食感やココナッツの香りが楽しめる。

デーツ

甘みが強く、砂糖を加えなくてもしっかりとした甘さを感じさせるフルーツ。栄養価も高い。

重曹

ベーキングパウダーを使う代わりに重曹を多用。価格がリーズナブルでふくらむ力も抜群。

てんさい糖

砂糖はてんさい糖を使用。漂白された白砂糖や三温糖より、自然由来の甘みを。

ヴィーガンスイーツ作りに大切な下準備

今回、ご紹介しているヴィーガンスイーツを作るうえで、
知っておきたい下準備をまとめました。

最初にレシピを読む

作りながらレシピを読むのではなく、ざっとでいいので最初にレシピを頭に入れておきましょう。特にヴィーガンスイーツは普通のお菓子作りと違う点があり、「1晩、水につけておく」というものも。材料を揃え、段取りを考えてからお菓子作りをスタートするとスムーズ。

水切りはしっかりと

豆腐やヨーグルトの水切りはあらかじめ、しっかりと。ざるをのせたボウルに、ペーパーで包んだ豆腐やヨーグルトを置き、上からガラスボウルなどの重しをのせて、水切りします。

ココナッツクリーム缶の扱い

冷蔵庫で冷やして固形と液体を分離させ、白い固形の部分だけスプーンですくって使います（写真上）。常温だとゆるく混ざり合っている状態（写真下）。液体で使いたい場合、まだかたまっていたら、缶ごと湯煎にかけ、よくふると均一に。

粉をふるい、さらに混ぜる

材料全てを均等に混ぜ合わせることが、おいしいお菓子を作るポイント。通常は粉をふるうだけですが、ふるってからさらに混ぜるのをお忘れなく。ホイッパーを使い、ざるでふるってから、さらによく混ぜます。

フルーツの皮は塩で洗う

レモンなどのフルーツを皮ごと使う場合は、できれば無農薬のものを選んで。簡単に手に入らないときは、表面を塩で洗ってから使いましょう。表面に塩をこすりつけて、よく洗います。

型にクッキングシートを敷く

生地を作ってから型にシートを敷くのではなく、最初にセットしておいて。ふくらみの早いマフィンなどは生地を作ったら即、型に流し込むのが鉄則です。先に型に合わせて用意しておきましょう。

オートミールフラワーを作る

オートミールフラワー（粉）は買うこともできますが、自分で作ることもできます。作るといってもフードプロセッサーで粉砕するだけ。左がオートミールで、右が粉砕したもの。細かくするほどよりきめも細やかに仕上がります。

研究に研究を重ねた、大切なレシピの中から
まずはケーキをご紹介しましょう。
小麦粉ではなく米粉を使用しているので
味わい深く、しっとりした口当たり。
これまでのヴィーガンケーキのイメージが変わります。

Rice flour sponge cake

米粉のショートケーキ

とにかく混ぜていけばできあがるのが米粉のケーキのうれしいところ。
重曹を加えたら手早く作業するのがポイントです。
ヴィーガンホイップクリームもたっぷりのせて召しあがれ。

型の底と側面にクッキングシートが必要。底をシートにのせてくるりと円を描き、その通りにカット。側面は型より1〜2cm高く、長さは円周より2〜3cm長く用意。

Vegan   Gluten Free

材料（直径15cmの底の取れる丸型・1台分）

A	米粉	80g
	オートミールフラワー（P15参照）	40g
	コーンスターチ	15g
	ベーキングパウダー	小さじ1
	重曹	小さじ1/2
B	豆乳	110mℓ
	てんさい糖	40g
	レモン汁	大さじ1
	バニラエクストラクト	小さじ1/2

植物油	25g
ヴィーガンココナッツホイップクリーム	
（P13参照）	約500g（P13の2倍量）
いちごなど好みのフルーツ	適量

下準備

・オーブンを180℃に予熱する。
・型の内側にクッキングシート
　を敷く。側面は紙の端の裏に
　生地を少しつけてとめる。

作り方

1
ボウルにざるをのせてAを入れ、
ホイッパーで混ぜながらふるう。

2
ざるをはずしてさらによく混ぜ
る。

3
別のボウルにBを入れ、ホイッ
パーで混ぜる。てんさい糖が溶
けたら植物油を加え、さらによ
く混ぜる。

4
③に②を加え、ホイッパーで粉
けがなくなるまで混ぜる。

5
このくらい混ざればOK。

6
⑤の生地を型に流し入れる。

7
キメを整えるために型ごと軽く
トントンと台に落とし、180℃の
オーブンで約20分焼く。竹串を
さして何もついてこなければ焼
き上がり。

8
底を下から押し上げてケーキを
型からはずし、網にのせる。冷
めたら横に2枚にスライスする。
1枚目の上にホイップクリーム
をのせ、フルーツを並べる。

9
ケーキを重ね、クリームを丸く
広げてフルーツを飾る。

\ Oatmeal banana cake /

オートミール
バナナケーキ

Carrot cup cake

キャロットケーキ

⧹ *Oatmeal banana cake* ⧸

オートミールバナナケーキ

サクサクのクランブルをのせた、ちょっとぜいたくなバナナケーキ。
スパイシーな生地にはみじん切りしたチョコレートを一緒に混ぜ込んでも GOOD。
翌日以降にいただくときは、トースターなどで温め直すとおいしい
（冷凍したら解凍してからトースターへ）。

このようなパウンド型は
一つあると便利。バナナ
ケーキの他、P70 のケー
クサレでも使用。

Vegan　Gluten Free

材料（17.5 × 8 × 5.5cm のパウンド型・1 台分）

[クランブル（作りやすい分量・バナナ
ケーキ約 3 台分）**]**

A｜オートミールフラワー（P15 参照）─── 50g
　｜アーモンドプードル ─────────── 50g
　｜てんさい糖 ───────────────── 50g
　｜塩 ──────────────────── 1 つまみ

ココナッツオイル（常温）────────── 50g

[バナナケーキ]

B｜米粉 ─────────────────── 85g
　｜アーモンドプードル ─────────── 40g

　オートミールフラワー ──────────── 25g
　ベーキングパウダー ────────── 小さじ 1
　重曹 ─────────────────── 小さじ 1/2
　ナツメグパウダー ─────────── 小さじ 1/4
　シナモンパウダー ─────────── 小さじ 1/4
　バナナ ─────────────── 1 本（正味 110g）

C｜豆乳 ───────────────────── 90mℓ
　｜アガベシロップ ──────────────── 80g
　｜植物油 ─────────────────── 50g

下準備

・オーブンを 180℃に予熱する。
・パウンド型にクッキングシー
　トを敷く。

作り方

クランブルを作る

1

フードプロセッサーに A を入れ、
攪拌する。ココナッツオイルを
加え、さらに攪拌する（このく
らい混ざれば OK）。

2

少しずつ取って両手でにぎり、
ぎゅっと押しかためる（崩れて
よいが、ある程度のかたまりを
作るイメージ）。

＊クランブルは密閉容器に入れて
冷凍庫で 2 週間保存可能。

生地を混ぜ、焼く

3

ボウルにざるをのせて B を入れ、
ホイッパーで混ぜながらふるい、
ざるをはずしてさらによく混ぜる。

4

別のボウルにバナナを入れ、フォークでつぶす。C を加え、ホ
イッパーでよく混ぜる。

5

④に③を加え、ホイッパーで混ぜ合わせたら、すぐ型に流し入
れる。

6

クランブルを表面が見えなくな
るくらい、たっぷりのせる。

7

180℃のオーブンで約 30 分焼く。
竹串をさして何もついてこなけ
れば焼き上がり。型からはずし
て網にのせ、冷ます。

＊翌日までならビニール袋に入れ、常温で保存。す
ぐ食べない場合は 1 切れずつラップで包み、保存袋
に入れて冷凍庫で 1 週間、保存可能。

╲ *Carrot cup cake* ╱
キャロットケーキ

スパイシーで、しっとりとしたキャロットケーキ。
レーズンやくるみも相性がいいので、生地に加えて焼いても。
クリームは、食べる直前に絞って。

一度に6つ焼けるマフィ
ン型を使っていますが、
一つずつ生地を入れる焼
き型でもOK。クリームを
絞り出すのに使う金口は
直径1.2cmの丸型を使用。

Vegan　Gluten Free

材料（直径7cmのマフィン型・6個分）

A	米粉	100g
	ベーキングパウダー	小さじ1
	重曹	小さじ1/2
	シナモンパウダー	小さじ1
	ナツメグパウダー	小さじ1/4
	グローブパウダー	小さじ1/4
	塩	1つまみ
B	てんさい糖	50g
	豆乳	60mℓ
	りんご酢	小さじ1
	バニラエクストラクト	小さじ1/2

にんじん（L）
　　　　1/2本（すりおろして約100gに）
植物油 …… 50g
くるみ（飾り用）…… 適量

**[フロスティング（上に飾るクリーム）・
作りやすい分量]**

無糖植物性ヨーグルト
　1パック(400g)を1晩水切りしたもの 150g
ココナッツクリームの固形部分（ココナッ
　ツクリーム缶を1晩以上冷やす・P13、
　15参照）…… 100g
レモン汁 …… 大さじ1
てんさい糖 …… 大さじ2

下準備

クッキングシートを 12cm 角の正方形に切り、型にセットする（カップなどで跡をつけると、生地が入れやすい）。

にんじんはすりおろす（水分も捨てない）。

・オーブンは 170℃に予熱する。

作り方

1
ボウルにざるをのせて A を入れ、ホイッパーで混ぜながらふるう。

2
ざるをはずしてさらによく混ぜる。

3
別のボウルに B を入れて混ぜ、てんさい糖が溶けたら、にんじんと植物油を加え混ぜる。

4
③に②を加え、ゴムべらに持ちかえてよく混ぜる。

5
重曹と酢は混ぜ始めると反応して、すぐふくらんでくる。

6
手早く型に入れ、170℃のオーブンで 25〜30 分焼き、粗熱が取れたら型からはずす。

7
フロスティングの材料を全てボウルに入れ、なめらかになるまでホイッパーで混ぜる。飾るまで冷蔵庫で冷やす。

8
絞り袋に⑦を入れて⑥の上にこんもりと絞り出す。好みでくるみを飾る。

＊冷やすとパサつきやすいので、常温で保存（翌日まで保存可能・クリームは食べる直前に絞って）。

Vegan cheesecake

ヴィーガンチーズケーキ

Vegan cheesecake

ヴィーガンチーズケーキ

「ヨーグルトと豆腐でここまで!?」という感動の味わい。
なのにフィリングは混ぜるだけという簡単さ。
極上の「ヴィーガンチーズケーキ」レシピです。

Vegan　Gluten Free

材料（直径15cmの底が抜ける丸型・1台分）

[クラスト]

A	米粉	50g
	てんさい糖	30g
	アーモンドプードル	30g
	片栗粉	10g

植物油 …………………… 大さじ2
豆乳 ……………………… 大さじ1

[フィリング]

絹ごし豆腐……200gを1晩水切りした約150g
無糖植物性ヨーグルト……………………
1パック（400g）を1晩水切りしたもの……150g
ココナッツミルク（常温・P13、15参照）……100ml
てんさい糖 …………………………… 80g
メープルシロップ …………………… 50g
コーンスターチ ……………………… 30g
白みそ ………………………………… 10g

ココナッツオイル（常温）…………… 20g
レモン汁 ……………………………… 10g
バニラエクストラクト ……………… 10g
塩 …………………………………… 1つまみ

[下準備]

・型にクッキングシートを敷く。側面は紙
の端の裏に生地を少しつけてとめる。
・オーブンを170℃に予熱する。
・ココナッツミルクは冷えてかたまってい
る場合、缶ごと湯煎にかけ、よくふると
中身が均一になる。

型の底と側面にクッキング
シートが必要。底をシートに
のせてくるりと円を描き、そ
の通りにカット。側面は型よ
り1～2cm高く、長さは円周
より2～3cm長く用意。

作り方

クラストの材料を混ぜ、下焼きする

1
ボウルにざるをのせてAを入れ、ホイッパーで混ぜながらふるう。ざるをはずしてさらによく混ぜる。

2
別のボウルに植物油と豆乳を入れ、油が溶け込むまでホイッパーでよく混ぜる。

3
②に①を加えてゴムべらに持ちかえ、粉が見えなくなるまで混ぜる（練ると油が出て食感が悪くなるので、ボウルの底から返すように大きく混ぜて）。

4
このくらい混ざればOK。

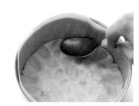

5
型に④を入れ、スプーンの裏側で均一な厚みになるよう底面に敷き詰める。170℃のオーブンで約30分焼く。オーブンを180℃に予熱する。

フィリングを作り、焼く

6
ミキサーに材料を全て入れ、なめらかになるまで攪拌する。

7
下焼きしたクラストに⑥を流し入れ、空気を抜くために型ごとトントンと台に落とす。

8
180℃のオーブンで約35分焼き、粗熱が取れたら型からはずして冷蔵庫で半日以上、冷やす。3日目あたりになると全体がなじみ、一段とおいしくなる。

＊冷蔵庫で3日間、保存可能。

Cookie
クッキー

「アインソフ」でも大人気のクッキーですが、
おうちで作りやすいオリジナルのラインナップをご紹介。
さまざまなタイプのクッキーがあるので、
大好きなクッキーを見つけて何度でも作ってくださいね。

Brown rice sable
玄米サブレ

サクサクで手が止まらなくなる、おいしいけれど危険な（!?）サブレ。
生地がやわらかいので型抜きしたまま冷やし、
かたまってから、そっとはずして。グルテンフリーレシピです。

Vegan　Gluten Free

材料（作りやすい分量）

A	玄米粉	110g
	アーモンドプードル	60g
	てんさい糖	55g
	片栗粉	15g
	ベーキングパウダー	2g
	塩	1つまみ
B	ココナッツオイル（常温）	90g
	豆乳	大さじ2

［下準備］
・オーブンを170℃に予熱する。
・ココナッツオイルは湯煎して溶かす。

かわいい花のクッキー型。
もちろんお好みの型を使っても！

作り方

1 ボウルにざるをのせてAを入れ、ホイッパーで混ぜながらふるう。ざるをはずしてさらによく混ぜる。

2 別のボウルにココナッツオイルと豆乳を入れてホイッパーで油が溶け込むまでよく混ぜる。

3 ②に①を加え、ゴムべらでさっくりと混ぜる。

4 ③をクッキングシートで上下からはさみ、めん棒で7mmくらいの厚さに伸ばす（a）。

5 上の紙をめくって抜き型で抜く。

6 周囲の生地はいじらず、クッキングシートを戻してはさんだまま冷蔵庫で30分冷やしかためる（b）。

7 かたまったら、型抜きした生地をそっとはずし、天板に並べる。残りの生地はひとまとめにし、⑤と⑥をくり返す（小さく手のひらで丸め、平らにしても）。

8 170℃のオーブンで約13分焼く。途中で天板ごと手前と奥を入れかえ、焼けたら網にのせて冷ます。

やわらかい生地なのでクッキングシートではさみ、そっと扱って。

型抜きしたら、上からまたクッキングシートをかぶせてはさみ、冷蔵庫でしっかり冷やしたかためる。

＊常温で2週間、保存可能。

Cashew nuts chocolate cookie

カシューナッツチョコクッキー

カシューナッツとチョコが絶妙のバランス。
生地が少しべたべたするので、ディッシャーがあると
ザクザク感ある形に仕上げやすく便利です。

材料（10 枚分）

A	米粉	60g
	オートミールフラワー（P15 参照）	50g
	ベーキングパウダー	小さじ 1/2
B	カシューナッツバター	
	（ピーナッツバターでも）	70g
	てんさい糖	50g
	豆乳	大さじ 3
C	チョコチップ	50g
	カシューナッツ	30g
	塩	ひとつまみ

［下準備］
・オーブンを 170℃に予熱する。
・天板にクッキングシートを敷く。
・カシューナッツを粗く刻む。

作り方

1 ボウルにざるをのせて A を入れ、ホイッパーで混ぜながらふるう。ざるをはずしてさらによく混ぜる。

2 別のボウルに B を入れ、ホイッパーでなめらかになるまで混ぜる。

3 ①に②と C を加え、粉けがなくなるまで混ぜる。

4 生地を 10 等分して丸め、天板に並べる（あればディッシャーを使って・a)。

5 指先に軽く水をつけ、指の跡をつけるように上から押さえて 1cm くらいの厚みにする（b)。

6 170℃のオーブンで約 15 分焼く。途中で天板ごと手前と奥を入れかえ、焼けたら網にのせて冷ます。

＊常温で 2 週間、保存可能。

生地が手につきやすいので、ディッシャーがあると便利。丸くしたら上から押さえて指の跡をつける。

仕上がり写真は
倍量で撮影。

Pumpkin oatmeal cookie

かぼちゃとオートミールの
ソフトクッキー

レーズンのやさしい甘みとかぼちゃのうまみが程よくマッチ。
オートミール粉とかぼちゃで作る、
しっとりタイプの小麦粉不使用クッキー。

材料 (9枚分)

かぼちゃ (種を除く) ························· 100g
A｜メープルシロップ ··················· 大さじ2
　｜植物油 ······························· 大さじ2
　｜塩 ··································· 1つまみ
オートミールフラワー (P15参照) ····· 70g
シナモンパウダー ···················· 小さじ1/2
パンプキンシード ························· 20g
レーズン ··································· 20g
[下準備]
・オーブンを160℃に予熱する。
・天板にクッキングシートを敷く。

作り方

1 かぼちゃは蒸して皮ごとやわらかく
　し、ボウルに入れて皮ごとつぶす。

2 ①にAを加え、かぼちゃをつぶしな
　がらゴムべらで混ぜる。

3 ②にオートミールフラワーとシナモ
　ンを入れて混ぜ、粉けがなくなった
　らレーズン、パンプキンシードを加
　えて混ぜる。

4 生地を9等分して丸め、平たくして
　天板に並べる。

5 160℃のオーブンで約20分焼く。途
　中で天板ごと手前と奥を入れかえ、
　焼けたら網にのせて冷ます。

＊冷蔵庫で1週間、保存可能。

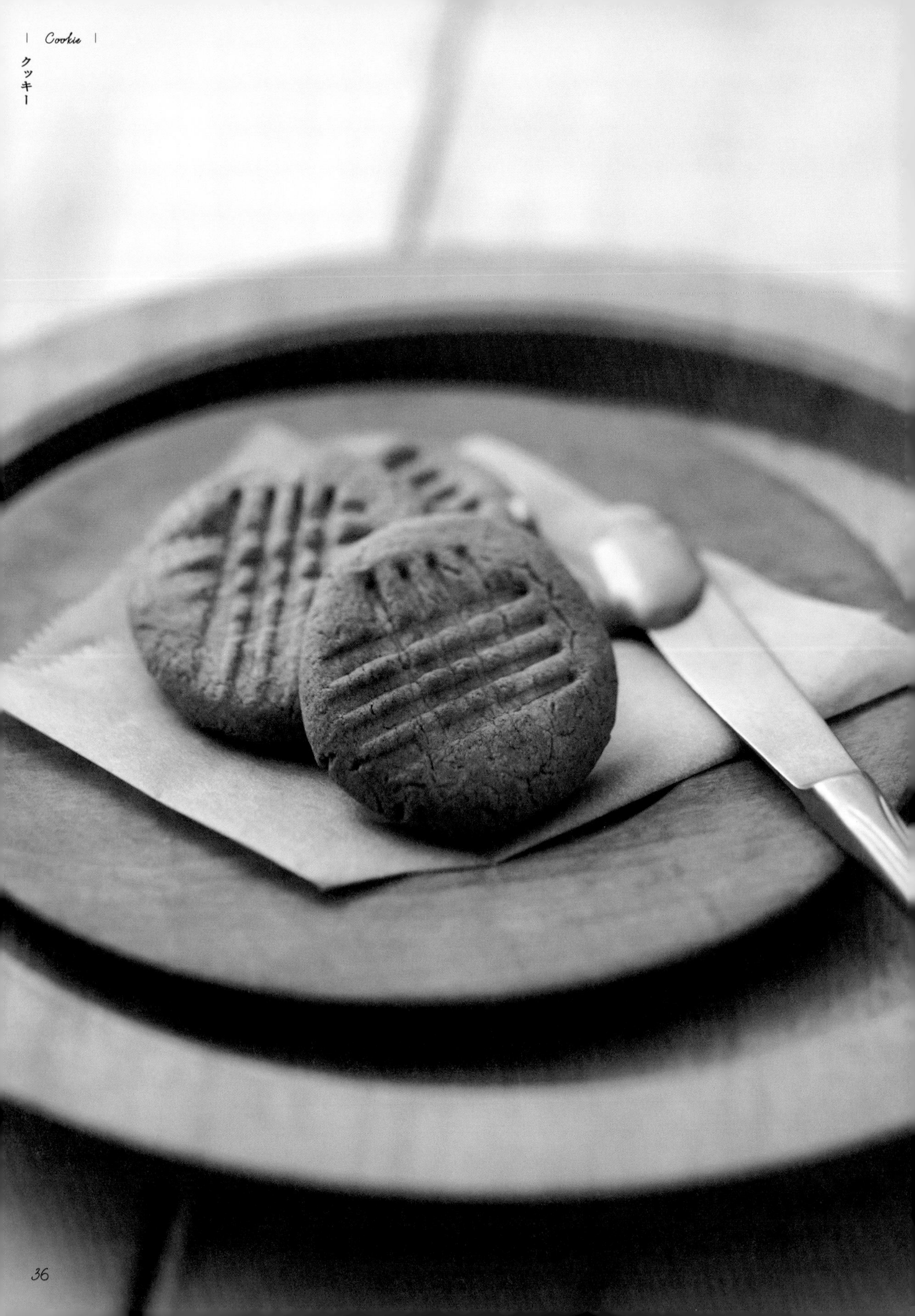

ピーナッツバタークッキー

ピーナッツの風味あふれる素朴なクッキー。
家にある身近な材料で、すぐできるのがうれしい。
1つまみの塩が味を引きしめます。

材料（10 個分）

A	薄力粉	140g
	ベーキングパウダー	小さじ 1/2
	塩	1つまみ
B	てんさい糖	80g
	ピーナッツバター（無糖）	50g
	豆乳	40㎖
	植物油	30g

［下準備］
・オーブンを 170℃に予熱する。
・天板にクッキングシートを敷く。

作り方

1 ボウルにざるをのせて A を入れ、ホイッパーで混ぜながらふるう。ざるをはずしてさらによく混ぜる。

2 別のボウルに B を入れ、ホイッパーでよく混ぜる。

3 ②に①を入れてゴムべらで粉けがなくなるまでさっくり混ぜる。

4 生地を 10 等分して丸め、天板に並べてフォークで跡をつける。

5 170℃のオーブンで 14 〜 15 分焼く。途中で天板ごと手前と奥を入れかえ、焼けたら網にのせて冷ます。

＊常温で 2 週間、保存可能。

Chocolate walnut cookie
W チョコのくるみクッキー

ココアとチョコ、くるみという安定の組み合わせ。
アーモンドミルクを加えることで、外はさっくり、中はしっとりという食感に。
ただし、混ぜすぎるとかたくなりやすいので気をつけて。

材料（大きめ10枚分）

A	薄力粉	110g
	ココアパウダー	20g
	アーモンドパウダー	20g
	ベーキングパウダー	1g
B	てんさい糖	100g
	アーモンドミルク	40㎖
	植物油	50g
チョコチップ		50g
くるみ（ロースト）		30g

[下準備]
・オーブンを180℃に予熱する。
・天板にクッキングシートを敷く。
・くるみを4つくらいに手で割る。

作り方

1 ボウルにざるをのせてAを入れ、ホイッパーで混ぜながらふるう。ざるをはずしてさらによく混ぜる。

2 別のボウルにBを入れ、ホイッパーでよく混ぜる。

3 ②に①を加えてゴムべらでさっくりと合わせ、粉けが半分くらいなくなったらくるみとチョコチップを加え、さらに混ぜる（a）。

完全に粉けがなくならないタイミングで、くるみとチョコチップを加えて。混ぜすぎるとかたくなる。

4 生地を10等分して丸め、平たくして天板に並べる。

5 180℃のオーブンで11～14分焼き、途中で天板ごと手前と奥を入れかえる。焼きたてはやわらかいので、粗熱が取れたら網にのせて冷ます。

＊常温で2週間、保存可能。

レモンクッキー
Lemon cookie

片栗粉×アーモンドプードル入りのサクホロ食感。
レモンの皮とレモン汁をたっぷり加え、
食べるとすぐ、「レモン！」です。

Vegan

材料（約15個分）

A	薄力粉	90g
	片栗粉	30g
	アーモンドプードル	10g
	レモン	1/2個
B	てんさい糖	50g
	豆乳	大さじ2
ココナッツオイル（常温）		60g

[下準備]
・オーブンを160℃に予熱する。
・天板にクッキングシートを敷く。
・ココナッツオイルは湯煎して溶かす。

絞り袋には、星型の金口をつけて。

作り方

1 ボウルにざるをのせてAを入れ、ホイッパーで混ぜながらふるい、ざるをはずしてさらによく混ぜる。

2 レモンを洗って（P15参照）水けをふき、皮の表面の黄色い部分だけ、おろし金ですりおろす（白い部分は苦みがあるので使わない）。果肉をしぼり、種は取り除く。

3 別のボウルに②とBを入れ、ホイッパーで混ぜる。てんさい糖が溶けたらココナッツオイルを加え、油が溶け込むまでさらによく混ぜる。

4 ③に①を加え、ゴムべらでさっくりと粉けがなくなるまで切るように混ぜる。

5 星型の口金をつけた絞り袋に④を入れ、天板に、好みの形に絞る（a、b）。焼くと少しふくらむので2cmほど間隔をあけて。

6 160℃のオーブンで約20分、途中で天板ごと手前と奥を入れかえて150℃に下げてさらに3〜4分焼き、網にのせて冷ます。

———————————

＊常温で2週間、保存可能。

口金を動かさずに絞り出す。

小さく、逆S字を描くように動かす。

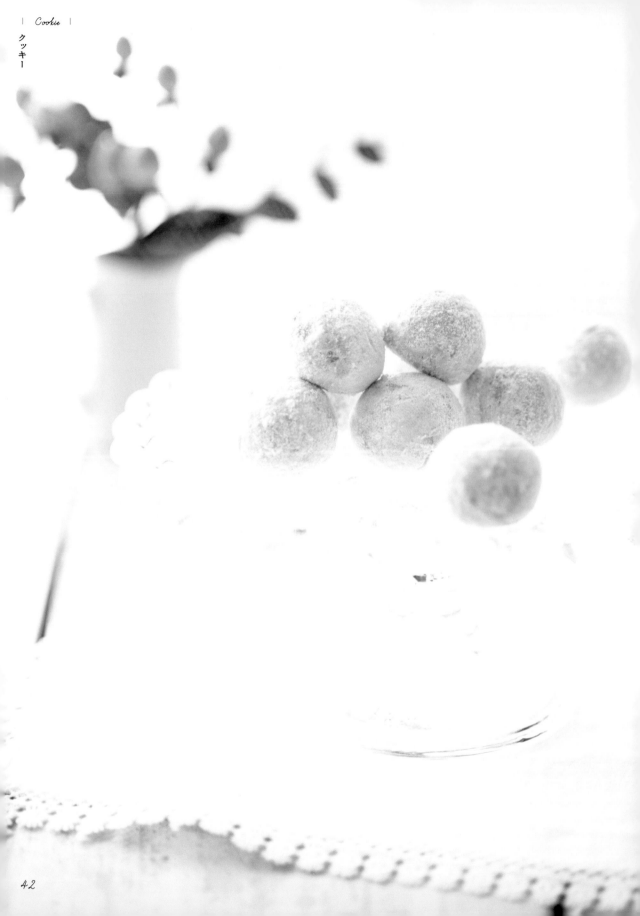

Cookie

クッキー

42

＼ *Snowball* ／

スノーボール

たくさんの粉糖をまぶし、まるで雪のよう。
そんなことをイメージさせるこのクッキーは、ホロホロ食感が人気です。
粉類を加えてからさっくりと切るように混ぜることと
片栗粉×アーモンドプードルを加えるのが、ホロホロに仕上げるポイント。

材料（26 個分）

A	薄力粉	100g
	アーモンドプードル	25g
	片栗粉	25g
	ベーキングパウダー	小さじ 1/2
B	てんさい糖	50g
	豆乳	15㎖
	塩	1 つまみ

ココナッツオイル（常温） 45g
てんさい糖 適量

[下準備]
・オーブンを 150℃に予熱する。
・天板にクッキングシートを敷く。
・ココナッツオイルは湯煎して溶かす。

作り方

1 ボウルにざるをのせて A を入れ、ホイッパーで混ぜながらふるい、ざるをはずしてさらによく混ぜる。

2 別のボウルに B を入れ、ホイッパーで混ぜる。てんさい糖が溶けたらココナッツオイルを加え、油が溶け込むまでさらによく混ぜる。

3 ②に①を加え、ゴムべらでさっくりと粉けがなくなるまで切るように混ぜる。

4 生地を 1 個 10g に計って丸め、天板に並べる。

5 150℃のオーブンで約 15 分、途中で天板ごと手前と奥を入れかえてさらに約 10 分焼き、網にのせて冷ます。

6 てんさい糖をたっぷりまぶす。

＊常温で 2 週間、保存可能。

私と「AIN SOPH.」

白井由紀

　初めて「ヴィーガン」を知ったのは、カナダの留学時でした。動物や森林を守ることは地球を救うことになり、ヴィーガンのお料理を食べることは、自分自身の幸せに繋がるための選択肢になりうると知ったのです。あの頃はまだ10代で、目にする文化がどれも新鮮に感じられたことを覚えています。

　また、もともと父方が真言密教の家系で精進料理を口にする機会が多かったこともあり、菜食に抵抗はありませんでした。

　帰国後、すぐヴィーガンにはまりはしなかったのですが、子どもをみごもり、改めて食のことを意識し始めたとき、ヴィーガンを思い出したのです。そして少しずつ、玄米菜食などを取り入れるようになりました。

　当時はヴィーガン食が食べられるところもなく、「それなら自分で作ろう」などという男気（笑）から、本当になりゆきでヴィーガンレストランをスタートしました。

　15年前は100人に1人も「ヴィーガン」という言葉を知らなかったのではないでしょうか。売り上げは1日5000円という日もしょっちゅうでした。

　ところが今は、アインソフに大勢のお客様がやってきてくれます。国内はもとより、世界中からも。中でも海外からは "Excellent！" "Delicious" "Best vegan place（ヴィーガンのイチ押しだ）" "Fantastic" などたくさんのおほめの言葉をいただき、「この店があるから日本に来た」と言ってくださる方までいらっしゃいます。

　たとえヴィーガンを知らなくてもいい。ただ、口にすると、この純粋な透明感のあるエ

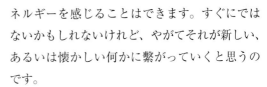

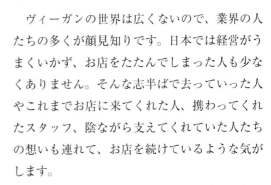

ネルギーを感じることはできます。すぐにではないかもしれないけれど、やがてそれが新しい、あるいは懐かしい何かに繋がっていくと思うのです。

だから「アインソフが誰かの世界を広げるきっかけになれたら」という想いを開店当初からずっと抱き続けていました。

アインソフはヘブライ語で「大いなる源」という意味です。ちょっと大げさに聞こえるかもしれませんが、アインソフで食事をすることで大いなる源に繋がり、本来の自分に戻るような感覚を味わってもらえたらいいなと思っています。

今回、お店でだけでなく、みなさんがおうちでこの本のお菓子を作っているときも、そして自分や誰かがお菓子を食べているときも、それを感じてもらえたとしたら本当にうれしいです。これまでずっと大切に温めてきたレシピを公開した甲斐があります。

ヴィーガンの世界は広くないので、業界の人たちの多くが顔見知りです。日本では経営がうまくいかず、お店をたたんでしまった人も少なくありません。そんな志半ばで去っていった人やこれまでお店に来てくれた人、携わってくれたスタッフ、陰ながら支えてくれていた人たちの想いも連れて、お店を続けているような気がします。

その結果、今や私の想いよりも、誰かが求めてくださるからこそ続けている、やらなければいけない、という気さえするほど（笑）。

アインソフと私の旅は、これからも続いていくのでしょう。

\ Baked sweets etc. //

焼き菓子etc.

マフィンやアップルパイ、
そしてノンベイクドブラウニーなど、
アインソフの魅力を感じるお菓子は
まだまだ、いっぱい。
バリエーエション豊かな
ヴィーガンスイーツを楽しんで。

〃 Four muffins 〃
4つのマフィン

プレーン生地に材料をプラスすれば、いろいろなバリエーションが楽しめます。重曹パワーで、混ぜているうちにもこもこふくらんでくるので、手早く作業して（時間がたつとふくらみにくくなるので注意）。

〃 Plain muffin 〃
プレーンマフィン

シンプルに生地を楽しみたいなら、プレーンを。
表面にカリッと焼きついたてんさい糖の食感も楽しい。

Vegan

Gluten Free

材料（直径7cmのマフィン型・6個分）

A	米粉	110g
	アーモンドプードル	60g
	オートミールフラワー（P15参照）	40g
	ベーキングパウダー	小さじ1
	重曹	小さじ1/4
B	豆乳	160ml
	てんさい糖	90g
	りんご酢	小さじ1
	バニラオイル	小さじ1/2
	植物油	40g
	てんさい糖（飾り用）	適宜

[下準備]
・オーブンを180℃に予熱する。
・クッキングシートを12cm角の正方形に切り、型にセットする（P25参照）。

作り方

1 ボウルにざるをのせてAを入れ、ホイッパーで混ぜながらふるい、ざるをはずしてさらによく混ぜる。
2 別のボウルにBを入れ、混ぜる。てんさい糖が溶けたら植物油を加え、油が溶け込むまでよく混ぜる。
3 ②に①を加え、粉けがなくなるまでホイッパーで混ぜる。
4 すぐに生地がふくらんでくるので手早くスプーンで型に入れ、てんさい糖を表面にたっぷりふる。

生地が見えなくなるくらいにたっぷりとふる。

5 180℃のオーブンで約10分、途中で天板ごと手前と奥を入れかえてさらに約10分焼く。竹串をさして何もついてこなければ焼き上がり。

〃 Raspberry muffin 〃
ラズベリークランブルマフィン

口の中でほどけるラズベリーと軽い食感のクランブル。
ちょっとぜいたくなスイーツです。

Vegan

Gluten Free

材料（直径7cmのマフィン型・6個分）

プレーンマフィンの生地（飾り用のてんさい糖除く）……全量
ラズベリー（冷凍でも）…1パック（150g）
クランブル（P23参照）……P22の量の1/2

作り方

1 プレーンマフィンの①から③まで同じ手順で作る。
2 ゴムべらに持ちかえ、ラズベリーを加えて（飾り用に18粒残す）さっくり混ぜ、手早く型に入れる。
3 残したラズベリーを等分してのせ、クランブルもたっぷりのせて焼く。

Matcha muffin

抹茶マフィン

口に入れたとたん、抹茶の香りが広がります。
抹茶好きの人にはたまらないおいしさ。

Vegan

Gluten Free

材料（直径7cmのマフィン型・6個分）

[生地]

プレーンマフィンの生地（飾り用のてん
さい糖除く）‥‥‥‥‥‥‥‥‥‥全量
抹茶‥‥‥‥‥‥‥‥‥‥‥‥‥‥‥10g

[抹茶アイシング]

てんさい糖‥‥‥‥‥‥‥‥‥‥‥‥50g
豆乳（または水）‥‥‥‥‥‥‥‥10mℓ
抹茶‥‥‥‥‥‥‥‥‥‥‥‥‥‥‥‥2g

作り方

1 プレーンマフィンの材料Aに抹茶を
加えて、①から③まで同じ手順で作
り、手早く型に入れ、焼く。

2 抹茶アイシングを作る。てんさい糖
と抹茶をよく混ぜ、豆乳を加えてさ
らに混ぜる。
＊先にてんさい糖と抹茶を混ぜてお
くと、抹茶がだまにならない。

3 マフィンの粗熱が取れたら、②をス
プーンで上から垂らす。

Pumpkin muffin

かぼちゃマフィン

かぼちゃを所々に残して混ぜると、いろんな食感に。
メープルシロップで自然の甘みをプラス。

Vegan

Gluten Free

材料（直径7cmのマフィン型・6個分）

プレーンマフィンの生地（飾り用のてん
さい糖除く）‥‥‥‥‥‥‥‥‥‥全量
かぼちゃ‥‥‥150g（皮ごと蒸して170gに）
メープルシロップ‥‥‥‥‥‥‥‥大さじ2
くるみ（ロースト・飾り用）‥‥‥‥‥20g

[下準備]

・くるみを4つくらいに手で割る。

作り方

1 かぼちゃは皮ごとフォークでつぶし、
メープルシロップを加えてペースト
状にする。

2 プレーンマフィンの①から③まで同
じ手順で作る。

3 かぼちゃペーストを
数か所にわけ（a）、
ゴムべらでさっくり
混ぜ込む（かぼちゃ
をきれいに混ぜなく
てよい・b）。

4 かぼちゃがかたよら
ないようにしながら
手早く型に入れ、く
るみをのせて焼く。

かぼちゃを所々に置き、
さっくり混ぜる。

＊翌日まではビニール袋に入れ、常
温で保存。すぐ食べないなら1個ず
つラップで包み、保存袋に入れて冷
蔵庫で1週間、保存可能。

オートミールチョコスコーン

Oatmeal chocolate chip scone

米粉にオートミール粉を加えているので、
しっとりとした仕上がりに。
好みでヴィーガンホイップクリームを添えていただきます。
翌日以降に食べるときは、トースターなどで温め直して。

材料（6個分）

A｜アーモンドミルク ……………… 30mℓ
　｜メープルシロップ ……………… 30g
　｜ココナッツオイル（常温）…… 大さじ1
B｜オートミールフラワー（P15参照）…70g
　｜米粉 ……………………………… 30g
　｜ベーキングパウダー …………… 小さじ1
チョコチップ ……………………………… 適量
（好みで）ヴィーガンホイップクリーム
　（P13参照）…………………………… 適量

[下準備]
・オーブンを180℃に予熱する。
・天板にクッキングシートを敷く。
・ココナッツオイルは湯煎して溶かす。

作り方

1 ボウルにAを入れ、ホイッパーで油が溶け込むまでよく混ぜる。
2 ①にBを入れ、ゴムべらに持ちかえてさっくりと混ぜたらチョコチップも加えて混ぜる。
3 天板にクッキングシートを敷き、生地をのせて丸く成形する。6等分に切ったら（a）それぞれの生地を離す（b）。
4 180℃のオーブンで15〜20分焼く。途中で天板ごと手前と奥を入れかえ、焼けたら網にのせて冷ます。

6つにカットし、離して置く。

＊1つずつラップで包み、保存袋に入れて冷凍庫で1週間、保存可能。

Apple pie

さっくりアップルパイ

薄くてさっくりタイプのアップルパイ。
素朴な生地がりんごの風味を引き立てます。
生地は冷蔵庫で一度休ませることで、焼き縮みが防げるので忘れずに。
りんごはお好みのタイプのものでどうぞ。

Pumpkin pie

パンプキンパイ

きれいな網目状になったパイの奥には
たっぷりのかぼちゃ。
かぼちゃによって甘みや水分量が違うので
自分好みに調整を。食べる直前に温め直すとよりおいしく。

Apple pie
さっくりアップルパイ

材料（直径23cmのパイ皿・1台分）

[パイ生地]

A 薄力粉 —————————— 100 g
　全粒粉（薄力粉）—————— 40g
　片栗粉 ——————————— 10g
ココナッツオイル（冷蔵庫で冷やす）
————————————————— 40g
冷水 ——————————————— 38㎖
塩 ———————————————— 1g

[アーモンドクリーム]

B てんさい糖 ———————— 30g
　木綿豆腐 ———————— 20g
　バニラエクストラクト ——— 小さじ1
ココナッツオイル（常温）—— 20g
C アーモンドプードル ———— 20g
　薄力粉 ——————————— 20g
　ベーキングパウダー ——— 小さじ2/3
　シナモンパウダー ———— 小さじ1/4
りんご ——————————————— 3個
てんさい糖（仕上げ用）————— 適量

[下準備]

・パイ生地のココナッ
ツオイルは冷やして1
cm角に切る（a）。
・アーモンドクリーム

のココナッツオイルは湯煎して溶かす。

作り方

パイ生地を作る

1 フードプロセッサーにAを入れて撹
　拌する。
2 カットした冷たい
　ココナッツオイル
　を加え、ココナッ
　ツオイルが細かく
　なって全体がサラ
　サラになるまで数秒ずつ撹拌する（b）。

3 冷水で塩を溶かす。
4 ③を②に加え、粉けが少し残るくら
　いまで数秒撹拌したら、ボウルに取
　り出し、ゴムべらで押しつけるよう

にしてかためる。

5 ④をゴムべらで半分に切って（c）重
　ね、上から押してもう一度同じよう
　にする（生地にムラが残る程度で
　OK）。
6 ラップで包んで丸く平らにし、冷蔵
　庫で1時間休ませる。
7 ⑤をクッキングシートではさみ、め
　ん棒でパイ皿よりひと回り大きくの
　ばす（回しながらのばす・d）。
8 クッキングシートをはがし、めん棒
　に生地を巻きつけるようにして型に
　かぶせる（e）。ふちを立ち上げ、余
　分な生地は切り落とす。立ち上げた
　生地を指ではさむようにして形づけ
　（f）、底はフォークで穴をあける（g）。
9 冷蔵庫で1時間以上、休ませる。

アーモンドクリームを作る

10 フードプロセッサーにBを入れて撹
　　拌し、クリーム状にする。ココナッ
　　ツオイルも加えてさらに撹拌する。
11 Cを加え、粉けがなくなるまで撹拌
　　する。

組み立てる

12 パイ生地にアーモンドクリームを平
　　らに広げる（h）。
13 りんごは芯を除いて（i）皮をむき、
　　2mm幅にスライスする。
14 ⑫に⑬のりんごを、少しずつずらし
　　ながら円を描くように並べる（j）。
15 180℃のオーブンで約50分、途中で
　　天板ごと手前と奥を入れかえ、さら
　　に約10分焼く（焦げてくるようなら
　　アルミホイルをかぶせて）。粗熱が取
　　れたら、てんさい糖を茶こしでふる。

＊ラップで包み、冷蔵庫で2日間、
保存可能。食べる前に温め直して。

Pumpkin pie

パンプキンパイ

Vegan

材料（直径18cmのパイ皿・1台分）

［パイ生地］

A 薄力粉 ································· 200g
　 全粒粉（薄力粉）················· 40g
　 片栗粉 ································ 20g
ココナッツオイル（冷蔵庫で冷やす）··· 80mℓ
冷水 ···································· 80mℓ
塩 ·· 2g
アガベシロップ（仕上げ用）········ 適量

［フィリング］

B かぼちゃ（皮を除く）·········· 340g
　 豆乳 ······························ 100mℓ
　 ココナッツミルク（常温・P13、15参照）
　 ································· 100mℓ
　 メープルシロップ ············· 60g
　 コーンスターチ ············ 小さじ3
豆乳 ···································· 少々

［下準備］

・オーブンを180℃に予熱する。

作り方

1 パイ生地はアップルパイと同様に作る。2等分してそれぞれラップで包み、冷蔵庫で1時間休ませる。

2 フィリングを作る。かぼちゃは5cm幅に切り、30分蒸してやわらかくする（皮は好みで加えても）。

3 Bを全てフードプロセッサーに入れ、なめらかなペースト状になるまで攪拌する。
　 ＊水分の多いかぼちゃの場合は豆乳を減らすなど、調整を。

組み立てる

4 冷やした生地をそれぞれクッキングシートではさみ、めん棒でパイ皿よりひと回り大きくのばす。

5 1枚はパイ皿に敷き込み、ラップをする。もう一枚は1.5cm幅に切って(a)ラップをし、再び冷蔵庫で1時間休ませる。

6 パイ皿にフィリングを入れて(b)表面を平らにしたら、ふちに指で豆乳をぬり、1.5cm幅の生地を縦横交互に編み込むように置き（c）、最後をふちにつぶして留める（d）。

7 180℃のオーブンで35～40分焼く。途中で天板ごと手前と奥を入れかえ、焼けたら網にのせて冷ます。粗熱が取れたらアガベシロップをハケでぬる。

※ラップで包み、冷蔵庫で2日間、保存可能。食べる前に温め直して。

Mont blanc

モンブラン

市販の甘栗を使えば、栗の味が濃厚な
本格的なモンブランが簡単に作れます。
サブレやマフィンにたっぷりとのせて。

材料 （2個分）

A	甘栗（市販品・殻をむいたもの）…	160g
	豆乳	40㎖
	メープルシロップ	30g
玄米サブレ（P30 参照）		2 枚
甘栗		2 個

作り方

1　フードプロセッサーに A を入れ、攪
　　拌する。

2　ペースト状になったら取り出して裏
　　ごしする（a・b）。

3　モンブラン用の口金をつけた絞り袋
　　に①を入れる。

4　玄米サブレの中央に栗をのせ、こ
　　んもりとマロンクリームを絞る（c・
　　d）。

5　両手で形をそっと整える（e）。

＊クリームは冷蔵庫で 3 日間、保存
可能。

モンブラン用の口金（直径
1・5㎝）を使用。

裏ごし器の下にちょうどのサイズの皿をセット。
網の中央でこすと、周囲にクリームが散らばらない。

縦方向に絞って埋め尽くしたら、今度は横方向に。
これを 2 回繰り返す。

両脇からそっと押さえる。

 Arrange

マフィンにのせても

P48 〜で紹介した「マフィン」
の上に、マロンクリームを絞っ
てもおいしい。

| Baked sweets etc. |

焼
き
菓
子
etc.

Brownie

ノンベイクドブラウニー

焼いていないのに、しっかりブラウニー食感。
甘みもデーツとメープルシロップなので罪悪感ない、うれしいスイーツです。
かためにしたい場合は冷凍庫で1晩冷やして。

 Vegan Gluten Free

材料（14×20×3cmの保存容器・1台分）

[ブラウニー]

A	くるみ	150g
	デーツ（あればマジョール種・種なし）	200g
	ココアパウダー	30g

[チョコレートソース]

B	ココナッツオイル（常温）	30g
	メープルシロップ	30g
	バニラエクストラクト	小さじ1

ココアパウダー　　　　　　　　　　10g
ココナッツファイン　　　　　　　　適宜

[下準備]

・デーツは種を取り除く（かたかったらお湯に10分ほど浸すと取り除きやすい。水けをふいて使う）。

・ココナッツオイルは湯煎して溶かす。

・容器にクッキングシートを敷く。

＊デーツは種つきで売られているものが多い。おすすめのマジョール種は果肉がかたいので、やわらかくするために浸水させるといい。

平べったいバットだと作りやすく、ふたつきだとそのまま保存できる。

作り方

1　フードプロセッサーにA（くるみは半量）を入れて、くるみが細かくなり、デーツがペースト状になるまで撹拌する。

2　残りのくるみを加え、粒が残る程度まで撹拌する。

3　②をバットに敷き詰めてスプーンの背で平らにならし、押しかためる。

4　チョコレートソースを作る。小さめのボウルにBを入れてホイッパーで混ぜ、よく混ざったら、ココアパウダーを加えてなめらかになるまでさらに混ぜる。

小さなホイッパーがあると使いやすい。

5　③に④をかけ、ココナッツファインをまぶしてふたをし、冷凍庫で30分〜1時間冷やしかためる。

6　好きな大きさにカットする。

全体にたっぷりとココナッツファインをふりかけ、そのままふたをして冷凍庫へ。

※冷蔵庫で1週間、保存可能。

Oatmeal granola bar

オートミールグラノーラバー

ざっくりとした食感が楽しいグラノーラバー。
好みのドライフルーツやナッツを刻んで加えると
より一層、味に深みがプラス。

材料（14 × 20 × 3cmの保存容器・1台分）

デーツ（あればマジョール種・種なし）
　　　　　　　　　　　　　　　　　130g
A｜ピーナッツバター　　　　　　　　50g
　｜メープルシロップ　　　　　　　 50g
生アーモンド　　　　　　　　　　　100g
オートミール　　　　　　　　　　　100g
ヴィーガンチョコチップ　　　　　　 40g

[下準備]
・デーツは、種があれば取り除く（かたかったらお湯に 10 分ほど浸すと取り除きやすい。水けをふいて使う）。
・ピーナッツバターは常温に戻す。
・容器にクッキングシートを敷く。
・アーモンドとオートミールは 170℃のオーブンで 5~6 分焼く。

作り方

1　フードプロセッサーにデーツを入れ、ペースト状になるまで攪拌する。
2　ボウルに①を入れ、A を加えてゴムべらで混ぜ合わせる。
3　アーモンドを刻んで、オートミール、チョコチップとともに②に加え、全体を混ぜる。
4　③を容器に敷き詰めてスプーンの背で平らにならし、ふたをして冷凍庫で 1 時間以上冷やしかためる。
5　好きな大きさにカットする。

※冷蔵庫で 1 週間、保存可能。

容器に敷き詰めたらできるだけ平らにならす。このままふたをして冷凍庫で冷やして。

Oatmeal crepe

オートミールのクレープ

オートーミールを使っている、体にやさしいクレープです。
グルテンがない分、生地が破れやすいため、ていねいに裏返します
（おいしいクレープができるので、トライする価値あり！）。
チョコレートソースやコンポート、ジャム、P13 のヴィーガンホイップクリームなどと一緒でも。

材料（約6〜8枚分）

A｜オートミール粉（P15 参照）……… 60g
　｜アーモンドミルク ……………… 240mℓ
　｜片栗粉 …………………………… 小さじ2
　｜てんさい糖 ……………………… 大さじ1
植物油 ……………………………………… 適量
メープルシロップやアガベシロップ、フ
ルーツ ……………………………… 各適量

作り方

1 ボウルにAを入れてホイッパーでよく混ぜる。
2 フライパンを中火で熱して油を薄く広げ、玉じゃくし1杯分の生地を一気に流す。
3 フライパンを回して手早く丸く広げる。
4 ふちが薄く色づいたら（a）裏返して（b、c）さっと焼き、取り出す。
5 粗熱が取れたら器に盛り、フルーツやクリームを添えたりシロップをかけていただく。

＊ラップに包み、冷蔵庫で翌日まで保存可能。

ふちが薄く色づき、はがれてきたら裏返すタイミング。

フライ返しをそっと差し込み、クッキングシートにのせる。

クッキングシートごと裏返してフライパンに戻す。

フレンチトースト

豆乳＆絹ごし豆腐を入れることで、リッチな風味に。
バニラエクストラクトを使っているので大豆の香りも気になりません。
バゲットで作っても、もちろんおいしい。きつね色になるまで焼くのがポイントです。

材料（2人分）

ヴィーガン食パン		1枚（4枚切り）
A	豆乳	200mℓ
	絹ごし豆腐	100g
	てんさい糖	大さじ2
	バニラエクストラクト	小さじ1
	シナモンパウダー	小さじ¼
	塩	ひとつまみ
植物油		小さじ1
ヴィーガンバター（P13参照）、メープルシロップ、てんさい糖		各適量

作り方

1 Aをブレンダーやミキサーでなめらかになるまで撹拌する。

2 パンを4つに切り、①に15〜20分つける。

3 フライパンを中火にかけて植物油を広げ、②を入れて両面にこんがりと焼き色がつくまで焼く。

4 器に盛り、バターやメープルシロップを添え、好みでてんさい糖をふる。

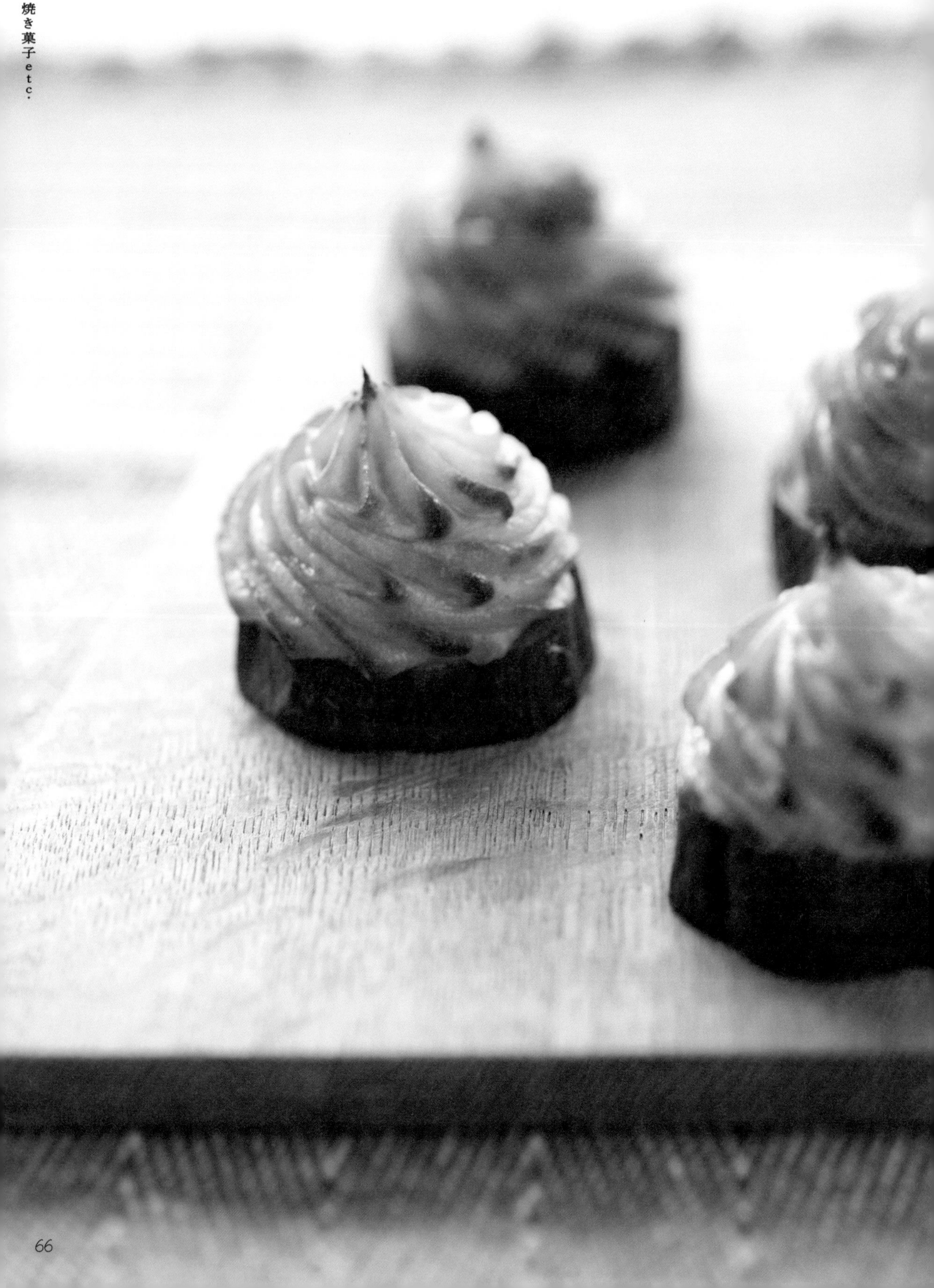

Sweet potato

シンプルスウィートポテト

シンプルな味わいながらコクもある超簡単スウィートポテト。
輪切りにしたおいもの上に、
やさしい甘みのスウィートポテトペーストを絞って焼けばできあがり！
さつまいもは糖度の高い品種を丸ごと蒸して使うと、しっとり甘く仕上がります。

材料（6〜8個分）

さつまいも（紅はるか、シルクスイート
　など）‥‥‥‥‥‥‥‥‥‥ 400g（中2本）
A｜カシューナッツバター‥‥‥‥‥ 大さじ1
　｜豆乳‥‥‥‥‥‥‥‥‥‥‥‥‥ 大さじ1
　｜メープルシロップ‥‥‥‥ 大さじ1と1/2
　｜塩‥‥‥‥‥‥‥‥‥‥‥‥‥‥ 1つまみ
［下準備］
・オーブンを200℃に予熱する。

作り方

1 さつまいもは皮つきのまま、40〜50
　分やわらかくなるまで蒸す。
2 半分は1.5cm厚さにスライスする。
3 もう半分は皮をむいてフードプロ
　セッサーに入れ、Aを加えて攪拌する。
4 絞り袋に星形の口金をつけて③を入
　れ、②の上に円を描くように絞る。
5 200℃のオーブンで20〜30分、焦げ
　色がつくまで焼く。

＊冷蔵庫で3日間、保存可能。

ドーナツ

みんな大好き、シンプルなドーナツ。
生地が冷たいうちに手早く丸めるとべたつきません。
揚げたてがおいしいので、ぜひその日のうちに召しあがれ。

Vegan

材料（10個分）

A 薄力粉 320g
ベーキングパウダー 10g
B 豆乳 150mℓ
てんさい糖 90g
バニラエクストラクト 小さじ1
塩 ひとつまみ
植物油 40g
打ち粉（強力粉）、揚げ油、てんさい糖
各適量

作り方

1 ボウルにざるをのせてAを入れ、ホイッパーで混ぜながらふるう。

2 別のボウルにBを入れ、ホイッパーで混ぜる。てんさい糖が溶けたら植物油を加え、さらによく混ぜる。

3 ②に①を加え、ゴムべらでさっくりと合わせる。粉けがなくなったら（a）生地をひとまとめにし（b）、ラップで包み、冷蔵庫で1時間休ませる。
※できたての生地はべたべたするが、冷蔵庫で休ませると扱いやすくなる。

4 打ち粉をした台に③の生地を取り出し、スケッパーで10等分する。

5 手に打ち粉をつけながら生地を丸める（c）。

6 揚げ油を160℃に熱する。

7 ⑤の中央に指で穴をあけ（d）、両手の指でクルクル回してリング状にして（e）⑥の油にそっと入れていく。

8 2〜3回裏返しながら5分くらいじっくり揚げたら、網にのせて冷ます。粗熱が取れたら、てんさい糖をまぶす。

ケークサレ

軽いブランチにもおすすめのケークサレ。
具材をじっくり炒め、余分な水分を出してから生地に混ぜ込むのがコツ。
焼いているときに焦げそうになったら、上にアルミホイルをかぶせて。
できあがったその日が一番おいしいですが、
翌日、食べるときはトースターやフライパンで軽く焼いて。

Vegan

材料 （17.5 × 8 × 5.5cmのパウンド型・1台分）

A	薄力粉	120 g
	ベーキングパウダー	小さじ 2
	ドライバジル	小さじ 1/2
	ドライオレガノ	小さじ 1/2
B	豆乳	120mℓ
	エクストラヴァージンオリーブ油	大さじ 2
	てんさい糖	大さじ 1
	ニュートリショナルイースト	小さじ 1
	塩	小さじ 1

生しいたけ 1パック
マッシュルーム 1パック
パプリカ（赤） 1/2 個分
ほうれんそう 1/2 束分
ピュアオリーブ油 大さじ 1
くるみ（ロースト） 30g
とうもろこし 大さじ 2 分（冷凍や缶詰でも）
プチトマト（飾り用） 3 個

[下準備]
・オーブンを180℃に予熱する。
・型にクッキングシートを敷く。
・くるみを4つくらいに手で割る。

何にでも使えるパウンド型。
バナナケーキ（P22）でも
使用。

＊作った当日は常温で。あまったらラップをし、冷蔵庫で翌日まで保存可能。

作り方

1 具材を用意する。しいたけ、マッシュルームは石づきを取り、縦半分に切る。パプリカはへたと種を取り、2cm角に切る。ほうれんそうは塩少々（分量外）を入れた湯で下ゆでし、氷水で冷やす。冷えたらしっかり水けを絞り、根元を落として2cm長さに切る。

2 フライパンを中火で熱し、オリーブ油を広げてきのこから炒める（水分を飛ばすようにじっくりと焼きつけるようなイメージ）。

3 水分が出なくなったらパプリカ、ほうれんそうを入れ、さっと炒める。

4 大皿にキッチンペーパーを敷いて③をのせ、余分な水分を取る（a）。

5 生地を作る。ボウルにざるをのせてAを入れ、ホイッパーで混ぜながらふるう。ざるをはずしてさらによく混ぜる。

6 別のボウルにBを入れ、ホイッパーで混ぜ合わせる。ざっと混ざったらすぐ⑤に加え、ゴムべらに持ちかえて練らないようにさっくり混ぜる（b）。

7 少し粉けが残っているあたりで④の具材とくるみ、とうもろこしを加え、全体を大きく混ぜて（c）手早く型に流す。プチトマトは縦半分に切り、上にのせる（d）。

8 180℃のオーブンで40〜50分焼く。竹串をさして何もついてこなければ焼き上がり。型からはずして網にのせ、冷ます。

\\ Chilled sweets //
ひんやりスイーツ

生クリームやゼラチンなどを使わなくても
ひんやりスイーツが存分に楽しめる
レシピが揃いました！

\\ Parfait //
イージーパフェ

ヴィーガンクリームとグラノーラ、フルーツを
どんどんと重ねていくだけで
おいしくヘルシーなパフェが完成！
ザクザクと混ぜながらいただきます。

 Vegan
 Gluten Free

材料（容量 250㎖のグラス 1 個分）

ヴィーガンココナッツホイップクリーム
（P13 参照）................................ 60g
グラノーラ 40g
好みのフルーツ（バナナ、 いちごなど）
.... 適量

作り方

1 フルーツを食べやすく切る。
2 ホイップクリームやグラノーラ、フ
  ルーツを好みの順にグラスに入れる。
3 その上にまたホイップクリーム、グ
  ラノーラ、フルーツを重ねていく。

Information

ヴィーガングラノーラはアイ
ンソフのオンラインでも購入
可能。有機ココナッツチップ
とバナナがアクセントに。

ひんやりスイーツ

Vegan Gluten Free

≫ *Ice cream* ≪

3つのアイスクリーム

ご紹介するアイスクリームは
カシューナッツを浸水し、しっかりかためるのに1晩、かかるので
「食べたいときにすぐできる！」わけではありません。
でもそれだけこだわりがあり、満足のいく味わいに。
さっぱりヘルシーなヴィーガンアイスをお試しあれ。

≫ *Coconut vanilla ice cream* ≪

ココナッツバニラアイス

豆乳のクセをバニラ風味でカバー。
ココナッツが感じられるさっぱり味のアイスです。
多めに作っておき、パンケーキやパイに添えても。

材料 （作りやすい分量・350g）

カシューナッツ（4時間以上浸水する）
─────────────── 100g
ココナッツミルク（常温）───── 100mℓ
豆乳 ───────────── 100mℓ
アガベシロップ ────────── 50g
バニラエクストラクト ───── 小さじ1
塩 ─────────────── 1つまみ

作り方

P75の抹茶アイスと同様に作る。

Chocolate peanut butter ice cream

チョコピーナッツバターアイス

「チョコアイスかな？」と思って食べると、ほんのりバナナとピーナッツの香り。
最後に加えたチョコチップの歯ごたえも楽しい。

材料（作りやすい分量・300〜350g）

A	バナナ	2本
	ココアパウダー	大さじ1
	メープルシロップ	大さじ1
	ピーナッツバター	大さじ1
	アーモンドミルク	大さじ3
	塩	1つまみ

チョコチップ ── 20g

[下準備]
・バットにクッキングシートを敷く。

作り方

1 Aをフードプロセッサーに入れ、攪拌する（つぶつぶがなくなり、なめらかになったらOK・a）。
2 バットに流し入れ、1晩、冷凍庫で冷やしかためる。
3 凍ったら（b）まな板に出し、包丁で1〜2cm角に切る（c）。
4 フードプロセッサーに③とチョコチップを入れ、アイスクリーム状になるまで攪拌する。
5 ちょうどいいかたさになったらディッシャーなどを使い、器に盛る。

Matcha ice cream

抹茶アイス

抹茶フリークにはぜひ、作ってほしいアイスクリーム。
好みで甘みをプラスしても〇。

材料（作りやすい分量・350g）

カシューナッツ
　（4時間以上浸水する） ── 100g
ココナッツミルク（常温） ── 100㎖
豆乳 ── 100㎖
アガベシロップ ── 50g
抹茶 ── 大さじ2
塩 ── 1つまみ

[下準備]
・カシューナッツを前の晩から水につける。
・バットにクッキングシートを敷く。
＊ココナッツミルクは冷えてかたまっている場合、缶ごと湯煎にかけ、よくふると中身が均一になる。

作り方

1 フードプロセッサーに水けを切ったカシューナッツを入れて攪拌する。
2 残りの材料を全て加え、さらに攪拌する（つぶつぶがなくなり、なめらかになったらOK）。
3 バットに流し入れ、1晩、冷凍庫で冷やしかためる。
4 凍ったらまな板に出し、包丁で1〜2cm角に切る。
5 フードプロセッサーに④を入れてアイスクリーム状になるまで攪拌する。
6 ちょうどいいかたさになったらディッシャーなどを使い、器に盛る。

＊冷凍庫で2週間、保存可能。

75

\ *Strawberry Bavarois* /

いちごババロア

きれいなピンク色がさわやかなババロア。
生クリームやゼラチンなしでもぷるるん＆こっくりした味わい。
くず粉をざるでこすことで、なめらかな食感に仕上げます。

材料（直径16cmのリング型・1個分）

A	アーモンドミルク	220mℓ
	ココナッツミルク（常温）	150mℓ
	アガベシロップ	45g
	くず粉	8g
	粉寒天	2g
いちご		300g
飾りのフルーツ		適量

昔懐かしい雰囲気のリング型。下のようにガラス容器などでかためても。

作り方

1 ボウルにAを入れ、ゴムべらでくず粉をつぶすように混ぜたらざるでこし、鍋に入れる。

2 いちごは別のボウルに入れ、少し粒が残るくらいまでフォークでつぶす（a）。

3 ①を中火にかけ、鍋底から耐熱性のゴムべらでゆっくり混ぜ続ける（b）。とろみがついて沸騰したら②のいちごを加え（c）、弱火で1分加熱する。

4 型に流し入れ、1晩、冷蔵庫で冷やしかためる。

5 かたまったら、型を少し浮かせて斜めに器に裏返し、軽く上下にふってはずす。

6 皿にのせ、フルーツを飾る。

口に入れたとき、いちごの食感も楽しめる程度につぶして。

沸騰させることで冷やしたとき寒天がかたまる。

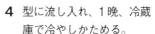
Arrange

小さな
ガラスのコップに
小わけして冷やしても。
ヴィーガンホイップクリームやミントを
添えると、よりかわいらしく。

＊冷蔵庫で2日間、保存可能。

Grapefruit jelly

グレープフルーツゼリー

寒天でかためるフレッシュなゼリーです。
グレープフルーツジュースは水でもかまいませんが
ジュースを使うと、より濃い味わいが楽しめます。

材料（4人分）

グレープフルーツ（赤、白好きなほう）
―――――――――――――――――2個
グレープフルーツジュース、または水
―――――――――――――――――適量
A｜てんさい糖――――――――――25g
　｜粉寒天――――――――――――3g
［下準備］
・グレープフルーツは表面に塩をつけてよ
く洗う。

作り方

1 グレープフルーツの半分より少し上
を切る（ふたと容器を作るイメージ）。

2 スプーンで中身をきれいにくり抜き、
果汁と果肉はボウルに入れる（薄皮
や種は取り除く）。

3 ②の果肉と果汁を合わせて量り、不
足分はジュースか水をたし、合計
450gになるようにする。

4 ③とAを鍋に入れて中火にかけ、へ
らでゆっくり混ぜる。沸騰したら火
を止める。

5 ④を、②の実をくり抜いたグレープ
フルーツの皮に流し入れる。

6 粗熱が取れたら、冷蔵庫で30分以上
冷やしかため、カットしていただく。

＊冷蔵庫で2日間保存可能。

白井由紀 Yuki Shirai

「AIN SOPH.」オーナー。日本ヴィーガン協会理事、日本プラントベース市場協会理事などを務め、20年近くにわたり、日本のヴィーガン市場を先導してきた。
2009年より日本において先駆けとなるヴィーガンレストラン「AIN SOPH.」を創業。【本来の自分に戻る場所】をコンセプトに、銀座、新宿、池袋、京都にレストランやカフェを展開し、年間15万人の来客がある。多くのモデルや著名人も繰り返し通うヴィーガン料理店として、テレビや雑誌など多くのメディアにもたびたび取り上げられている。

今回、「AIN SOPH.」の世界観が少しでも伝わるようにと、著者の私物や店舗にて撮影。
公式サイト　https://www.ain-soph.jp/

ブックデザイン　東條加代子
撮影　嶋田礼奈（講談社写真部）
調理・スタイリング協力　村上聡子、田部香朱美
構成　橘内美佳
企画協力　つむぎ来羽（アムツム企画）

たまご　にゅうせいひん　つか
卵も乳製品も使わない！

「アインソフ」が教える
ヴィーガンスイーツ

2023年5月16日　　第1刷発行

著者　　　しらいゆき
　　　　　白井由紀
発行者　　鈴木章一
発行所　　株式会社 講談社　　KODANSHA

　　　　　〒112-8001 東京都文京区音羽 2-12-21
電話　　　販売（03）5395-3606
　　　　　業務（03）5395-3615
編集　　　株式会社講談社エディトリアル
代表　　　堺 公江
　　　　　〒112-0013 東京都文京区音羽 1-17-18 護国寺 SIA ビル 6F
電話　　　編集部（03）5319-2171
印刷所　　大日本印刷株式会社
製本所　　大口製本印刷株式会社